1001
COSAS QUE BUSCAR EN EL PASADO

Gillian Doherty
Ilustraciones: Teri Gower
Diseño: Susannah Owen

Diseño de la colección: Mary Cartwright
Asesora de historia: Dra. Anne Millard
Traducción: Gemma Alonso de la Sierra
Redacción en español: Pilar Dunster y Jill Phythian

Índice

Busca y encuentra

En este libro encontrarás diferentes escenas del pasado. En cada página hay muchas cosas para descubrir y contar.

En total, llegarás a encontrar 1001 cosas. El siguiente ejemplo explica lo que tienes que hacer para hallarlas todas.

Este cartel te dice el lugar y la fecha en que sucedió la escena.

Estos dibujos son muestras de las cosas que tienes que buscar en la ilustración.

El número en azul te dice cuántas de esas cosas debes encontrar.

El banquete del castillo
Inglaterra, hace 600 años

2 pavos reales asados 3 trompetas 1 malabarista 8 jarras 7 empanadas 10 cuchillos 2 laúdes 10 copas de plata 5 pescados 6 bolsas de dinero

14   15

Hay muchas otras cosas para descubrir a lo largo del libro. Están todas reunidas en el museo, en las páginas 30 y 31, junto con las instrucciones que debes seguir para encontrarlas.

También hay una araña como ésta escondida en cada ilustración. ¿Conseguirás encontrarlas todas?

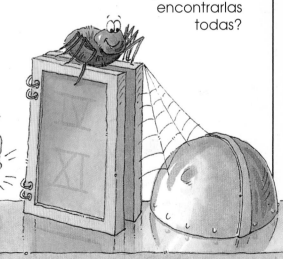

El mercado

Mesopotamia, hace 4000 años

9 burros

7 cestas de uvas

9 cuencos de barro

1 rueda despedida

10 collares

9 cestas
de dátiles

10 sacos de
grano

8 palmeras

6 cestas de
albaricoques

10 cuencos
de cobre

La corte del faraón

Egipto, hace 3500 años

10 cuellos de pedrería

9 abanicos blancos

2 pares de sandalias rojas

3 taburetes plegables

10 vasijas de vino

4 monos   1 arpa   3 alfombras estampadas   10 brazaletes   2 cofres

El teatro al aire libre

Grecia, hace 2300 años

1 máscara con barba

9 cojines rojos

1 grúa

10 personas riéndose

8 personas comiendo

1 hombre durmiendo

8 sombreros

1 lira

4 túnicas verdes

1 altar

El jardín

Roma, hace 2000 años

1 fuente

2 muñecas de madera

1 ábaco

8 estatuas

10 peces

10 rosas rojas

3 rollos de pergamino

9 pájaros

2 esclavos barriendo

10 manzanas

La expedición vikinga

Noruega, hace 1200 años

10 gaviotas

9 arcones

5 capas rojas

2 carros

8 pañuelos de la cabeza

10 escudos marrones **6** ovejas **10** barriles **8** hachas **9** pollos

El banquete del castillo

Inglaterra, hace 600 años

2 pavos reales asados 3 trompetas 1 malabarista 8 jarras 7 empanadas

10 cuchillos 2 laúdes 10 copas de plata 5 pescados 6 bolsas de dinero

El taller de los artistas
Italia, hace 550 años

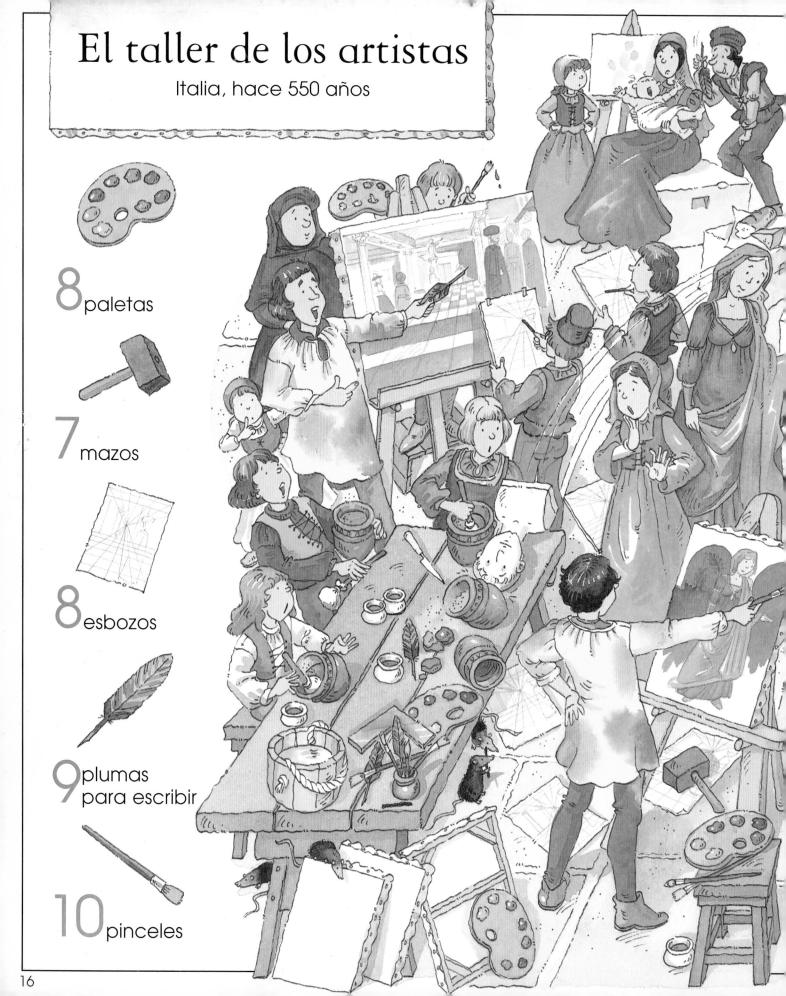

8 paletas

7 mazos

8 esbozos

9 plumas para escribir

10 pinceles

6 camisas sucias

7 caballetes

1 retrato de una dama

5 botes de pintura roja

6 ratas negras

La granja inca

Perú, hace 500 años

9 azadones

8 bebés cargados a cuestas

5 personas espantando pájaros

10 cestas de maíz

18

9 mujeres tejiendo

7 barcas

9 sacos de patatas

3 puentes de cuerda

10 llamas

9 haces de leña

La cacería

La India, hace 350 años

3 rifles

10 sables

5 caballos blancos

2 elefantes

8 turbantes azules

3 tigres

10 borlas de oro

9 flechas

6 perros de caza

9 plumas blancas

El tocador

Francia, hace 250 años

7 cajitas adornadas

5 cepillos

9 plumas azules

8 abanicos

4 espejos de mano

1 pájaro enjaulado
6 cintas rosas
3 gatos
2 sombrillas
10 lazos amarillos

La caravana

Norteamérica, hace 200 años

9 cantimploras 5 delantales

10 bueyes con la cara blanca

9 látigos

24

10 barriles   8 búfalos   10 carromatos   7 caballos pintos   5 faroles

6 tiendas indias

Las tiendas

Inglaterra, hace 130 años

4 campanillas

7 muñecas

3 piezas de tela roja

1 mono

10 palomas

5 cestas de flores

1 caballito de balancín

4 farolas

9 botes de caramelos 8 chales

El autocine

Norteamérica, hace 45 años

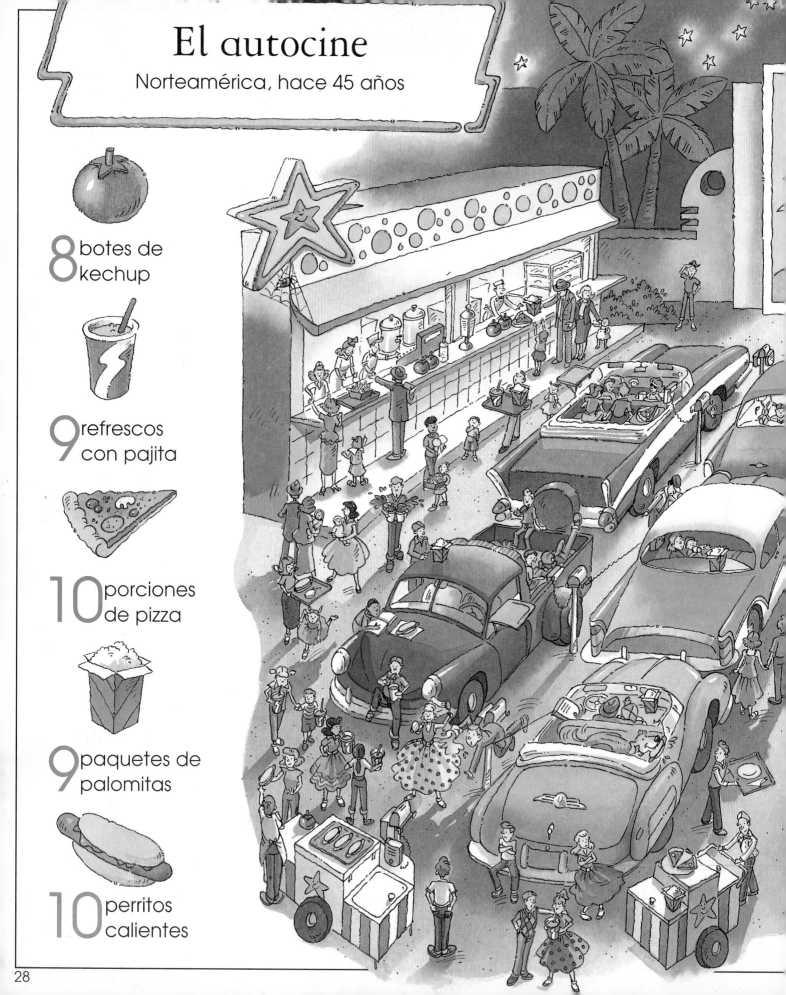

8 botes de kechup

9 refrescos con pajita

10 porciones de pizza

9 paquetes de palomitas

10 perritos calientes

2 coches rosas

1 pantalla de cine

4 carritos de comida

7 animadoras

10 postes con altavoces

El museo

En los museos se aprenden cosas sobre el pasado. En este museo hay cosas que aparecen en el libro.

¿Puedes descubrir a qué escena pertenece cada una? Las soluciones están en la página 32.

7 sombreros de copa

9 cascos

7 bandejas azules

8 aros para jugar

3 tazas con sus platillos

10 periódicos

6 paraguas negros

9 cinceles

7 libros

7 frascos de perfume

6 calderos

3 cunas

7 pompones rojos

10 cucharas de plata

8 macetas

1 maniquí de sastre

9 cuernos para beber

2 copas de oro

9 monedas de oro

5 escobas

9 cojines azules

8 llaves

7 pompones blancos

Soluciones

¿Conseguiste encontrar
todas las cosas del museo?
Aquí es donde estaban:

8 aros para jugar:
Las tiendas
(páginas 26 y 27)

6 paraguas negros:
Las tiendas
(páginas 26 y 27)

7 sombreros de copa:
Las tiendas
(páginas 26 y 27)

9 cascos:
La expedición vikinga
(páginas 12 y 13)

7 bandejas azules:
El autocine
(páginas 28 y 29)

3 tazas con sus platillos:
El tocador
(páginas 22 y 23)

10 periódicos:
Las tiendas
(páginas 26 y 27)

9 cinceles:
El taller de los artistas
(páginas 16 y 17)

7 libros:
El tocador
(páginas 22 y 23)

7 frascos de perfume:
El tocador
(páginas 22 y 23)

6 calderos:
La expedición vikinga
(páginas 12 y 13)

3 cunas:
La granja inca
(páginas 18 y 19)

7 pompones rojos:
El autocine
(páginas 28 y 29)

10 cucharas de plata:
El banquete del castillo
(páginas 14 y 15)

8 macetas:
Las tiendas
(páginas 26 y 27)

9 cuernos para beber:
La expedición vikinga
(páginas 12 y 13)

2 copas de oro:
El banquete del castillo
(páginas 14 y 15)

9 monedas de oro:
El banquete del castillo
(páginas 14 y 15)

9 cojines azules:
El teatro al aire libre
(páginas 8 y 9)

8 llaves:
El banquete del castillo
(páginas 14 y 15)

7 pompones blancos:
El autocine
(páginas 28 y 29)

1 maniquí de sastre:
Las tiendas
(páginas 26 y 27)

5 escobas:
El jardín
(páginas 10 y 11)

Agradecimientos a Don y a Susan Sanders
por su asesoramiento en la escena de *El autocine*

D.L.-BI-68-00